임정남 감성 시집

낮달

원고지 위에 생기 잃은 낮달이 . .

밝지도 않는 넙데데한 낮달같이 . . .

초판 발행 2012년 5월 10일

지은이 임정남
펴낸이 안창현　펴낸곳 코드미디어
북 디자인 Micky Ahn　편집디자인 장민서　교정 교열 표수재

등록 2001년 3월 7일　등록번호 제 25100-2001-5호
주소 서울시 은평구 갈현1동 419-19 1층
전화 02-6326-1402　팩스 02-388-1302
전자우편 codmedia@codmedia.com

ISBN 978-89-94178-43-1 03810

정가 10,000원

임정남 감성 시집

낮달

원고지 위에 생기 잃은 낮달이 · ·

밝지도 않는 넙데데한 낮달같이 · · · ·

언제나 봄이었으면 한다.

햇살 비치는 창가에서 소녀처럼 봄꿈 꾸다가 멀리 여고 시절 뒷동산 솔잎 사이로 오르내리던 날을 기억한다. 그 시절 푸른 마음 흘러 가버린 시를 이제야 잎잎을 모아내고 있다. 가득하던 삶의 미련이 바람처럼 흩어지고 다시 모여드는 봄날, 늦은 듯 한 권의 시집 속에 뜨거운 추억들을 그려본다.

등나무 새순이 머지않아 돋아날 것이다. 그리고 무성하게 보랏빛 꽃을 늘어뜨릴 꿈도 꾼다. 덧없이 돌고 도는 한 오라기 삶 언제나 봄이었으면 한다.

2012년 어느 봄날

Contents

1 달빛 같은 그리움

Contents

2 올미

Contents

3 지금, 이곳

Contents

4 빈 오후

Contents

5 두근거리며

임정남 詩集 낮달

1

달빛 같은 그리움

보름달

해도 지지 않았는데
동쪽하늘 보름달이 파랗다
아파트마을 앞산 아카시나무에 걸려
시이소 놀이 한다

봄인지 여름인지
어정쩡한 시절
달 쳐다보는 이 없는 세상이지만
나처럼 달 좋아하는 이 또 있을까
모처럼 달 친구하며 일상에 구겨지고
얼룩진 마음 씻어 내며
맑은 마음 연잎에 물방울이다
달그림자 깊게 드리우면
먼 산 뻐꾹새 소리에
그리움과 고독이
물안개처럼 피어오른다

낮달

바다 속을 걸어 다니는지
구름을 메고 달리는지
생각의 끝도 빛도 그림자도
사그라지는 것도 아닌
뭔지 모르게
밝지도 않는 넙데데한 낮달같이
어정쩡하다

며칠 전
등단의 기쁨이
나이 탓에 숨기려 밝히려
왔다 갔다 하는 마음 혼자 웃는다
긴 그림자
밤 밝게 비추는 샛별같이 오래고 싶다

그래도
파란 눈길 들녘을 밀며 가로질러
작은 시어들이 참새 떼처럼
서산 저 너머에서 마구 달려오고 있다

원고지 위에 생기 잃은 낮달이
마치 어머니 얼굴처럼 조용히 미소 짓고 있다

끈

새 운동화 끈을 묶고 나면
어디론가 꿈을 꾸면서 걷고 싶다
나이는 달라졌어도
매 순간 느낌은
대책 없이 확 밀려 왔다
밀려가는 파도

소망 같은 그리움
너와나
순간과 영원을 넘나드는
끈과 끈
고독을 뚫고 솟아나는
쉽게 말해질 수 없는 아득한
아련한 그런 것은 아닐는지

언제나 끈은 이어져있다
침묵 속에서도

달빛 같은 그리움

밤은 점점 깊어 가고
눈 오는 소리 그쳤는데
바람 소리 나직이
창문 새로 찾아 들고

커튼 밖으로
관음죽 사이로
그의 모습처럼
달은 나와 있었다
행여
숨소리 밖으로 샐까
가슴 졸이며
적막 속 붕붕거리는
차 소리에
그리움 깰까 두렵다

옛 그림자 찾아
긴 세월 구름
흘러가고 흘러오고

모든 것 속절없고
달빛 같은 그리움
쉰 목청으로 불러 본다

공空

마음속 섬이 있고
詩 속에 강물 흐른다
끝없는 평행 어디서 만나지?
바람 불면 섬 날리고
눈비 오면 강변에서 쉰다

된 바람 머리에 이고
쉬엄 쉬어 고갯마루 올라
서역 하늘 바라본다

관계 속의 나는 누구인가?
번뇌 망상 떨쳐버리고
그와 함께 나그네 되어
붉은 노을 바라본다

텅 빈 곳 여유 있어 좋고
먼 메아리 길어서 좋다
그런 그곳엔 꿈 향기 심어
날마다 웃음 속에 맑은
나를 만나 본다

일상日常

새벽에 천둥 치더니
아침에는 뿌연 회색 하늘

둘이 살고 있으니
늦게 일어나
그는 어느새 산책하고
신문보고 왔다 갔다 한다

만만한 사이지만
두 끼 중 한 끼로
때우자니 미안해
반들반들 윤기 나는 밥과
호박 갈치찜 하고
가지 무치고
콧등에 땀 송송 난다

어제 부친 전은
간장은
이것저것 묻길래
내 언제 죽을지 모르니

여기 저기 무엇이 있는지 영글게 보소!
소리 지르고
시간이 좀 지나 돌아보니 보이지 않는다

한참 뒤
시인 박 경리 마지막 시집을
(버리고 갈 것만 남아서 참 홀가분하다)
사서 건네주었다

좀 미안하다

어느 하루

새벽 같은 아침
동쪽 하늘 불그레한 먼동이 튼다
초파일 머잖았는데
아직도 까칠한 바람은 살갗을 쥔다

먼 산 연두는 벌써 초록물결 파도치고
떼 까치들 법석을 떨고
도로 위의 차들은 달리기 경주한다

세월은 그렇게 그렇게
요란하게 흘러가고 있었다

'보호자 들어오세요' 나는
지옥문을 열고 들어가는 순간
'동맥에 피떡이 막혀서'
듣고 있는 그 사람의 멍한 표정
같은 마음이다

낮 하늘
눈에서 별이 하염없이

마구 쏟아지던 날
폐기처분된 욕망들 틈새
바라보는 하늘은 까맣다

지는 해 바다
갈매기 둥둥 먹구름 위로 떠 다닌다
가슴 속 바람은 겨울 같은데

여유餘裕

머리엔 구름 조각
꽃바람 가르며 달린다
상현동에서 죽전 오리 정자까지
그 사람과
한 걸음에 달린다

길섶 달맞이꽃 반가워 하고
메밀 잠자리 길 친구 한다
도로 위엔 시원한 바람이
냇물엔 오리가 헤엄치고
콧노래 부르며
중복中伏을 이고 달린다

아직도 살아남은 꽃 시절처럼
버드나무 바람에 자전거 걸어 두고
흘러가는 탄천에 발 심어
메밀 전병 수수부꾸미
동동주로 입 축인다
서산 지는 해 버들가지로 매어 놓고
우리 이대로 계속 달리면
그 언덕
무릉도원武陵桃源까지 갈 수 있겠다

그 사람

파도치고 바람 부는 날 여러 해
바다가 있던 정원 같은 곳
떠나온 지 별처럼 아스라하다

아등바등 밀치던 삶의 길목
멀리 떠나가 버리고
안개꽃처럼 조용한 터에
시인의 세상 함께 좋아서
우리 집 그 사람 웃음꽃 가득 피었다

시냇물 흘러내리다
머무르는 이곳
오늘도 그 사람은
세월이 화살처럼 달아나기 전에
배낭에 나를 담아 詩 배달 가
달뜨고 별 뜨고 나면
흰 웃음 지으며 돌아 올께다

어른거리는 속마음

언 나뭇가지 바람 스치는 끄트머리
깊은 겨울밤
돌담 담쟁이 잎 어쩌다 한두 장
긴 시집살이 지나온 세월
마음 졸이며 얼마나 숙이고 참아 왔는가

시어머님 오신 날엔
하늘에 별이라도 따 드리고픈 그
친정어머니 어쩌다 한 번 오시면
어디 또 할 일 남겨두었나
걸레까지 삶아 없어 놓으시고
푸성귀 한 대접에 씁쓰레한 시린 마음
변명도 못 전하고
봄 여름 가을 겨울 떠올리며
삐죽삐죽 비쳐나려는 마음
사랑의 얼개로 씌워 졌어도
쓴 그리움 여물어 그 그늘 속마음에 있거늘

별빛 반짝이는 깊은 밤
아들이 몰래 주고 간 흰 봉투

시어머니 아들 내 아들 같은 마음
이제사 헤아리며
어른거리는 속마음 풀린 듯 이해한 듯
그 마음 떠올리며 붉어지는 얼굴
흘러간 세월 세어가며 혼자 이야기한다

범어사

낙동강 정맥의 끝자락 금정산
그 안에 범어사 있다
범천에서 금빛 물고기 오색구름 타고
이 우물에서 사는 범어梵魚

각 전단과 마당에는
사람이 산과 바다를 이루는 장엄한 풍광
천수경 봉독 화음 염불소리
천지를 흐르는 파도소리다
삿된 마음 사라지고 모두가 부처님
추녀 끝에 매달린 풍경소리
방방곡곡 울려 퍼져 승속을 해탈한다

필부필부匹夫匹婦 한 모든 중생
하늘처럼 서있는 일주문 향해 걸어간다

목탁 소리

대전역 광장에서 누가
심술이 동動해서 먹구름 날렸나?
온 전신의 관절은 저려오고
눈꺼풀이 무너지고 있는데
어디선가
탁! 탁! 탁!
나를 때리는 소리
위대한 소음이
눈을 번쩍 뜨게 한다

싫다 좋다가 없는 마음으로
천안 행 열차 타고
입석표 한 장으로 여기저기
밀려 앉았다가
어느 결에 카페 칸으로 온 나는
바나나 우유 한 잔 마시고
틈새 비집고 나와
칸 밖에 기대섰다
큰집 작은집 쓸쓸한 들판
아담하고 소박한 동네 이곳저곳

스치는 창밖 풍경들
탈속脫俗의 삶을 선택한 수도자 되어
합장하며
모두를 근심에서 벗어나게 해줄
극락세계로 달리고 있다
목탁 소리

그리운 그곳 – *돌트미

사는 길이 슬프고 답답하면
홀로 가벼이 배낭을 메고
떠나가 푸념이라도 하고 싶은 곳
멀리 있기에 더욱 그리운 그곳

그곳에 가면
버스도 타고 정미소도 있고
온 동네 모이는 느티나무 정자 같은
생각만 하면 마음이 먼저 가 있는 곳이다

멀리서 공부하던 오빠 언니 온다는 날엔
아침부터 도착 시간까지
먼지 하얗게 덮은 빨간 얼굴로
손바닥엔 굵은 눈깔사탕이
다 녹을 때까지 기다리던 곳

지금은 넓은 도로에 잘 가꿔진 화단
정미소는 어딜 가고
버스 승강장이 버티고 있다

눈 감으면
아직도 그늘 없는 도로가에
곱게 차려입은 어머니 거기 서 계시는구나

*돌트미 : 영주에서 안동 쪽으로 시오리쯤에 있는 마을.

나의 어머니

언제나 쪽진 머리에 가르마
재봉틀에 앉아서
바느질 하시던 그 모습

등잔 밑에서 뒷 동네 앞 동네
산 너머 들 건너 누구누구의 팔촌까지
가녀린 붓으로
가로 세로 흘러 사돈지 써 내려가시던
아름다운 나의 어머니

"내 죽고 없거든 내 물건 네가 가져라"

결혼하고 집이 좁아서
아이들 연년생이라서
바빠서
핑계에 핑계
그러던 중 어머니는 가시었다

세월 가 말 못하고 있던 중
어느 추운 겨울 해 넘어 갈 때
친정집에 들어섰다

아궁이에 장롱은 부서지고
사돈지는 불쏘시개로
엄마의 영혼이 활활 타고 있었다
영원히
그저 그 말 하지 않았다

오늘도 한량없는 번뇌는
끝이 없다는 것을 깨달으며
푸른 하늘만 쳐다본다

기억 저편에 – 진월사

어머니
간절한 마음으로
찾아가시던 *진월사
일찍 철이 든 나는
귀로 눈으로 익어오던 가슴 깊은
파르스름한 기도소리
온몸으로 알았다
엄마의 희망 같은 곳
50년도 더 지난
오솔오솔스럽던 깊은 솔숲 길

몇 해 전
자주 찾던 어느 공방
진월사 낡은 기둥
굽이굽이 낙동강 줄기처럼
쉬다 돌다 여기서 만났다
추억에 빠져
목신木神이 된 나는 차장茶欌으로 치장하여
거실에 버티고 있는 그 앞을
쉼 없이 오가고 있다

기억 저편에 서서
어머니 기도를 찾는다

*진월사 : 경북 영주 평은면 소재

생각

바람은 네 맘대로 불어도
시간은 고향처럼 같은 길을 가고
길가에 핀 개나리 진달래 친정 같은 꽃
저 산 넘어 울퉁불퉁 고개 넘으면
함께 살던 엄마 집 가고 싶어라

따사한 햇살 부서져 흩어지고
고요하게 젖어오는 그리움
바람도 많던 나뭇가지
우산도 없이 소낙비 맞아도
달빛으로 보이지는 않지만

가고 싶은 곳
거한 음식
거한 치장
마음껏 해 드리고픈
늘
이런 마음 중천에 뜬 달과 같이 시럽습니다
어머니!

친정집 어머니 보듯

부모님은 가시고
출세하면 집 나가고
나이 들면 장가 시집가고
빈집으로 여러 해
조용해진 지 오래다

오빠 딸 잔치에
친정집 이야기로
고가古家 도둑이
구들장 파 이고
마룻바닥 걷어지고
디딤돌 메고
대문 뜯어 싣고 가
온 집이 늙고 병들어
볼품없이 서있다는 소리에

진작 가서 엄마 재봉틀
어머니 보듯, 가져올 걸
하며 울었다

등잔 밑에서 뒷 동네 앞 동네
산 너머 들 건너 누구누구의 팔촌까지
가녀린 붓으로
가로 세로 흘려 사돈지 써 내려가시던
아름다운 나의 어머니

〈나의 어머니〉 중에서

임정남詩集 낮달

2

올미

담뱃대

긴
담뱃대
땅! 땅!

사랑방에서
공자 맹자 이야기에
한평생을
봉제사 접빈객 대접에
즐거움을
이웃 고을 대소사 챙기기에
바쁜 나날을
종내에는
조상 묘 이장에
가산까지 기울게 한 아버지

그래도
온갖 풍상 다 겪으셔도
박꽃처럼 웃음 지우시던
우리 아버지

뒷모습

여고시절
집 떠나 학교 앞에 기거할 때
장날 오후가 되면
반찬 사들고 웃음지으며
다녀가시던 아버지
늦가을 어느 날
짚으로 맨 꽁치 몇 마리 사 오시어
누가 볼까 부끄러워 숨고 싶었던 마음
아실까?

아득히 묻혀 있는 세월 속에
갓 밑에 흐르던 흰 머리칼
바람에 날려
어둠이 깔리던 저녁
흰 두루 막 바람 서걱거리며
돌아가시던 아버지 뒷모습
지워지지 않는다

아부지

어둠이 깔리는
하교 길

길섶 소나무 가지엔
부엉이 울고

이쯤
어디에서 목매 죽은
총각귀신 전설로
몸서리칠 때

저만치서
가물거리는 초롱불 하나

여학교 6년 동안
같은 세월을
밤마다 고갯길 지키며
장승처럼 기다리시던 아버지

이제는 다시 못 보는
그리움이다

달빛 파란 초저녁

달빛 파란 초저녁 밤
죽은 듯 서있는 불두화 나무
깊은 상처 아문 듯한 자국
언뜻 언뜻 스쳐 지나가고

시대적 이데올로기에 젖은
오빠들 먼저 보내고
비통과 애통은
추녀 끝에 고드름 되어
아버지 흰 고무신 속으로
고통은 뚝뚝 떨어지고

긴 담뱃대 연기는
구름을 넘고
소리 없는 그리움
된서리 백발로 남아
아버지 헛기침 소리에
대들보가 흔들흔들
까막 까치들 혼비백산
긴 시간 줄넘기 하고

아버지쯤 나이되니
범종에 새겨진 글자만큼 아린 마음
또 어디 비교될까?
짜고 맵고 눈물 콧물 뿌려지며
저 세상 아버지 마음
부질없이 헤아려 본다

아버지 제삿날

언제나 당당하시고
튼튼한 대들보로 예순을 디디셨다

자자하던 오빠들 일찍 보내시고
걱정과 노여움에
이 산 저 산 누비시던 아버지시다

어머니 병 수발에 모두가 감동하고
먼 길 떠난 엄마 탓에
흰 구름에 비 내렸다
산소 옆 불두화 옮겨 심고
소리 없이 눈물 지우신지
몇 해 뒤

낙엽 지는 가을 어느 날 밤
한 마리 아비 새 온 집을 헤집고 천지를 날아 다녔다
질긴 거미줄에 목을 죄고
헐떡이는 숨소리엔 아쉬움의 연기가 솟아나고
치매라는 옷을 입고 춤 추시던 아버지

오늘처럼 눈 내리는 어두컴컴한 저녁
하늘열고 어떻게 지내시나
찾아가 봤으면?

풀 먹인 모시 두루마기에 갓 쓰시고
긴 담뱃대 물고
한려수도 관광하고 다랭이 논 구경하고
통영대교 지나 회 정식 함께 해드렸으면?

저 해가 서산으로 넘어가면
떠나갈 사람은 가고
그 흘러가는 곳 어디인가
덧없는 세월아

이제 일어서서
아버지 제삿날 사배하고
술 한 잔 올려야겠다

상여喪輿

큰집 마나님
작은 댁 높은 목청에
낡은 무명 치맛자락
길가 잡풀만 쓸고 다니다
눈 닫고 귀 닫아 비틀거리더니
밤마다 솟대에 오르락내리락 하다가
아픈 잠 곤히 꿈길로 밀리어
이승에서 출렁이던 설움 끝내고
삶의 쓰라림 벗어두고
은하수 건너 빛나는 별세계로 떠나는
단 한 번의 정거장
꽃상여 타고 요령소리 길게 떠나갔다
누구나 거치고 갈 그 가마
절박한 울음도 하– 많을 테지만
인간의 순수함으로 돌아가는 슬픈 곳이여!

오 오!

처녀시절
터미널 광장에서
일행과 함께 차를 기다리는데
그 사람이 나타나서
"여행은 무슨 처녀가"
그 말에 입 다물고
미소로 헤어지고
우리 일행은 여행을 떠났다

어제 그 말이
충무 통영 한산도에서
동백꽃처럼 진한 붉은 봉오리
가슴에 일고 있었다

일상이 되어
코스모스 길섶에서 만난 그는
"여행은 나하고 같이 가요"
화롯불에 밤 튀듯 가슴이 뛰었다

매일
매일
해와 달
구름도
바람도 아름다웠다

가랑잎에 소문은 날리고
눈 소복한 겨울 낭만을 만끽하면서
다음 해 봄
우리는 결혼했다

바람이 창을 두드리면

벨벳치마 우단저고리
길게 땋은 머리
드물게 보는 높은 구두
처녀 선생님
나보다 열 살 하고도
한 뼘이나 더 많던 언니

삭풍과 북풍에
우수수 인생이 쓸려가
춥다 덥다 말없이
지나온 세월
함께 떠들고 갈, 사람 없어
입 다물고 사는 그 여자

찬 바람은 낙엽을
더욱 세차게
구름 너머로
날려 보내고
빈 들녘
끼룩 끼룩 우는 외기러기

미루나무 꼭대기
매미처럼 아직도
사랑의 어지러움이
팽이 되어 제자리를 도는 백조

여고 시절

희붐한 새벽부터 뒷산 오르면
어느새 이슬에 젖어 시려오는 내 작은 발

학교에 늦을 새라 내딛는 발걸음
따라오던 삽살이도 덩달아 뛴다

집에가! 돌아가!
애써 소리치는 내 목소리
저쪽 산에서 메아리친다

6년을 하루같이 넘나던 뒷산 고갯길
가는 길 시오리 오는 길 시오리
매일 오가던 왕복 삼십 리

지금은
사람길이 없어진 그곳
낙엽만 쌓여 있겠지

봄맞이

어레미로 친 굵은 자갈 샘가에 깔고
황톳물로 벽 단장하고
무쇠 솥뚜껑 거꾸로 걸어
생솔가지 태운다

매운 연기 잡 벌레 도망치고
마당 가 손님 찾기 전에 도배질 하고
잔 먼지 털어내어 봄 향기 가득 채운다

풀 먹인 봄 이불 와삭 와삭
살냄새 맡게 하고
창문 열어 비릿한 봄풀 냄새
배꼽 열어 마신다

장독대 옆 매화 꽃 만발하게
한 삼태기 두엄 덮어
가지가지 꽃 피우게 하고

날개 달린 에로스의 신이 되어
김 오른 솥 탕에 앉아
님 마중 꿈꾸며
미소 짓는다

진달래

산마을 여기 저기
눈目 따라 가는 곳
이맘때면 그리움 한 아름 안고
구름 속을 날아다닌다

진달래 향 내리던 어느 봄날
참꽃처럼 얼굴 달아오르던
분홍꽃 세상 처음 느껴 보던
속마음 감추고 다니던 그 시절

아직도 속내 들어내지 못한
오랜 그리움 갈무리 해
한 그루 나무되어 멈춰 서있다

해 저문 이 시간 동산에 올라
세월의 틈새 비집고 들어선 그
언제나 쯤에 한 번은
두견주 한 잔 마주하고 싶다

지금이 좋은 때

아침에 눈을 뜨면
햇살이 커튼을 걷어 올린다
초록 잎사귀 사이사이
숨어 피어나는 모과 꽃
부푼 꽃망울 터뜨리고 있다

꽃 소리 봄 냄새
아침 이불에 말아 얹어 놓고
오늘 밤새도록 향기 마시고
취하고 싶어라

남과 북은 스트레스 있다 해도
가진 자 못 가진 자
두루두루 얼싸안은 지금
맵고 떫은 세상 길게 지났어도
차 소리 붕붕거리는 이 시간
원고지 칸에 글 메우고
현관 밖 문고리엔
대롱대롱 인정도 달아 놓은 이웃
웃음과 눈물도 나눈다

겨울도 깨어나 꽃 계절로 건너뛰는 초봄
예순을 훌쩍 넘긴 나에게
지금이 좋은 때 같다

안개

천지가 봄
꽃비 내린다
매화꽃 향기
아물
아물
길상사
언덕배기
덮어 헤맨다

법정法頂스님의
무소유에 대하여
흘러가는 마음
침묵하면서

나의 심장 속
두근거림을
바라보면서

성북동
안개 속

골목길
돌아
돌아
삶의 무상함을
생각하면서

터벅터벅
내려왔다

오월

심술쟁이
봄바람
꽃송이
붉게 때려
꽃향기!
마구 날린다

나비
코끝에 향기
너무 커
꽃 숲 속으로
뒹군다

돋아나는 작설雀舌
피는 나뭇잎
天地 가득하다
오월!
그, 싱그러운 생명
황홀하다

어느 날 문득

화분에 물을 주다가
꽃잎이 떨어져 시들은
것을 보았다

가마타고 시집 온
그렇게 아름답던
우리 동네 옥란 산장 선미네 엄마
젊어서는
음식 솜씨 좋고 바느질 잘하고
윗 아랫동네 문제의 해결사로
늙어서는
욕심 독이 올라 앙상한 가지에
*난추니 눈만 남은 할매 그 사람

푸른 마음에 이상理想을 타고
동경憧憬은 구름을 넘던 그 시절 내가
지금은
가라앉은 추억 쪽으로
불꽃이 사라지는 것과 같이
잘난 사람 못난 사람

다 사라지는 것
별 것 아니라는 것
번뇌 망상에서 자유로워졌다

*난추니 : 매의 숫컷

올미

아가의 까만 눈동자
왠지 꼭
*올미를 닮은 것 같다
동자 속으로 빠져 어린 시절로 간다
봄이 되면 앞 논에서
농부는 써래질로 논바닥 칠하고
가래질로 둑을 세운다
물 가득 한 논 가운데 올미 싹이 일렁인다
까만 올미는 군입꺼리이다
물속에 잠겨 부르튼 손발로
아이들은 올미를 건져 올린다
몇 개를 거머쥔 나는
동생에게 달려갔다
종일 놀고 온 그 사이
아가는 새가 되어 하늘나라로 떠났다고 했다
그 후 눈물이 많아져
뚫어진 가슴이 메어지지 않았다
눈이 까만 천사는 왜
일찍 가야했는지 그때는 몰랐다
늙어야 죽는다는 동화 속의 이야기

과거 현재 미래의 엉클어진 진리가
세월 후에야 알게 되었다

---

*올미 : 논에 나는 택사과의 다년초. 수염 뿌리가 족생하고 그 끝에 괴경이 있음

아침 단상斷想

하늘이 부옇다-
창문을 여니 공기를 깨는 차 소리
가로수를 흔드는 새소리에
오늘이 시작되는가 보다

후덥지근한 습기가 살갗에 묻어온다
점점 어두워진다
비가 오려나 보다

늘어선 콘크리트 새장에는
아직도 불빛이 여기 저기 남아있다

대로에는 흰차 검은차 빨간차 버스
줄지어 바쁘게 달린다
저마다 어디 가는 걸까?

J 신문 2009.6.30. 37쪽
(사 교육비 줄이려면 대학부터 바뀌어야)
어느 대학 총장의 말씀이 크게 줄서 있다

우리 집 능소화 언제 필까?

3 지금, 이곳

새 울음소리

태어나서 용인까지 쉬다 돌다 온
세월이 얼마인가
젊음의 문턱에서
한고비 넘고 나면 또 한고비
큰비 센 바람도
더듬더듬 느릿느릿 온통 다 지나가도
언제나 청춘인양
아이처럼 폴짝폴짝 뛰고 싶고
소녀처럼 부끄럼 부끄럼 하고 싶고
지금은 할머니 되어
삐따닥 삐따닥 걸어야 한다니…

안 입어 본 세상 더 많고
안 먹어 본 세상 더 많고
안 살아본 세상 더 많은데

보리밭 푸르게 일렁이는 지금
뜬구름 흐르는 물 간 곳 없어도
그리움, 사랑, 새 울음소리만은
언제나 그때처럼이다

산머리 걸린 구름

높이 솟은 주흘산 돌아 오르는
구름에 걸린 산꼭대기
여름 가을 겨울 견디어 다시 봄
분홍꽃 피어 향 뿌리는

산새들새 다 모여
언 산들 몸 풀어
봄나물 삐쭉삐쭉 키워낸 이야기
해 넘어 가는 줄 모른다

지난 가을 끼룩끼룩 울던
짝 잃은 외기러기
산속 마을 불빛처럼 제 울음에 흔들리고
세월만큼 상처는 설움으로 자란다

계곡에 흐르는 물
비쳐오는 내 얼굴
산머리 걸린 구름에
깜빡 깜빡 내 작은 몸 웅크리며
파도치는 청 보리밭 사이로

지난 그리움 밀려가고 밀려온다

수정 같은 계곡물에 물총새 되어
확! 창공으로 날아오르고 싶다

비틀거리는 오후

새벽 같은 마음에
철없이 짐을 풀어
나그네처럼 살았는가 싶더니
어느새 비둘기 세 마리
여기저기 날고
이름만 불러 봐도
봄비에 버드나무 되었고

얼빠진 산신령처럼
아픈 척도 못하고
영원하다고 믿었던
그 젊음은 보이지 않고
거리에서 탁발을 한 듯
찬바람은 쏴—

남 같은 마음으로
바라보는 내 얼굴
놓쳐버린 것들이 입속에서
헤엄을 친다

지금, 이곳

저물녘 마을 스피커 소리 하늘에 닿고
어스름 굴뚝 연기는 지붕에서 어물어물
일찍 구경나온 희뿌연 달은 멋쩍은 듯
산 아래 솔숲에 숨었다 나왔다 하고

잠자듯 조용한 마음에
짹짹거리는 참새 소리
흐르는 물에 돌을 던져
펴 놓은 책 눈 흐려지고

동쪽기슭 돌아누운 산은
언제, 또 너른 하늘 넘어
바닷물이 열릴지?

달빛은 어둔 바람에 떨어지고
잠시 들렸던 여기
고향 같은 그림자 마음이다

눈물

겨울인 듯 봄인 듯
향기인 듯 아닌 듯
그윽하게 피어오르는 내음새

빛진 세상인 듯 아닌 듯
창문 넘어 아물아물
피어오르는 봄 향

TV 속 갈라 쇼의 김 연아
정신없는 환호들

오늘은 우리 집 그 사람 생일 날
쟁반 위 초코케이크
한 조각은 남겨둔 채
한 세대의 진정한 헌신을
되새겨 보면서

얼른
시선을 그에게로 다가서서 보니
창문에 기대 선 은발의 老신사
그는 왜
혼자 서서 눈물 떨구는가?

그대 그림자

나무 밑바닥
움츠러든 가지 위
남도 여행에서 돌아온 봄

겨울 추위가 깊은 만큼
그대 그림자는 암흑이다

좌절과 절망의 연속에도
빈 가지에 오도카니 매달린 고통

떠들지 않고 끓는 몸을 접어
미동도 없이 찾아 온 그대 그림자

붉은 빛은 가슴에 물 들여지고
살을 에는 바람이 어디에도 숨지 못하고
생명의 안쪽에서 길게 소리 내 운다

박

해 질 녘
집으로 들어서면
박꽃이 먼저 반긴다
울 옆 비스듬 산기슭에
기어오르는 박꽃

꽃이 피면 달이 뜨고
따비를 이고
무럭무럭 박이 커 갔다
캄캄한 밤중에도
박들이 환하게 집을 지킨다

동냥 박
쌀 박
물 박
돈 박
넉넉함이 있고
푸근한 이웃 아줌마 같은
아니 엄마가 쓰시던
그리운 그 바가지

지금도 박꽃만 보면
그때가 그리워진다

고향이 부르는 소리

중부 내륙고속도로 60/110K로
2시간 10분 타고 가면
경상도 상주 함창

길 따라 가는 길섶
들, 산, 못池
푸른 들 인적 없는 하늘 가
구름, 새, 바람
방안의 창이 활짝 열린 듯
차창 밖 시원한 이파리들
뜻하지 않게 지나다 코끝에 걸리는
야생초, 들꽃 냄새

멀었던 길 어느새 고향 앞
초록대문이 딸깍 열리고
텃밭에서 상추 뜯고
모과나무에서 매미 울고
마당가에서 네잎클로버 찾는다

자연이 한아름 찾아오는 곳, 고향
웃음 지으며 달려간다

이름도 없는 난蘭

노란꽃 분홍꽃보다
향기 떨어질까 힘겨워 하던 것을
빈 밭에 힘없이 걸려 있는 너

새싹에 이름표 달고
가방에 긴 희망 끈 매고
기차처럼 달리다 내려보니
진눈깨비 쏟아진다

꿈들을 싣고 험한 대청봉에 올라
붉은 해맞이에 감격의 눈 울음 삼키고
내 무거운 욕심 하나 둘 던져 버리고
비로소 가벼워진 발걸음
온갖 근심은 뒤로 하고
스스로 힘 겨누고
폼 내던 시절 그리워 해본다

이제는 작은 기쁨도 숨기고
가방 속에 망가진 이상들
허물어져도 그뿐이다

마르고 검은 나뭇가지에
새 박처럼 가벼운 꿈으로 매달린 이 밤
어둠이 걷히면 떠날 것을
하늘에 내 작은 귀 구름에 걸어
고요히 세상 엿듣고 차분히 내려놓는다

육개장

태풍이 비껴가고
몰려 든 장마구름
쏟아낸 장대비로 조용한 오후

깨소금 잠으로 나물 무치고
누런 석쇠 갈비 불에 고등어 구워 놓고
세상의 매스컴 솥으로
정치 경제 문화의 소식 바닥에 깔고
이 시대의 사회 심리를 부어
한소끔 끓이니
향수와 불안이 능력만으로
육개장 맛이 나지 않는 상실의 시대
햇빛처럼 쏟아낸 풍요가
고산병으로 어지럼증이 덮친 것처럼
불안과 짜증이 뒷걸음질 치고 있다
조미료 대신 푸르고 싱싱한
야채와 고기를 듬뿍 넣어 끓이면
맛있는 육개장이 되지 않을까?

한바탕 낮잠을 깨고 보니
서쪽 하늘이 날뛰고 있다

목 백일홍

사방이 환하게 열려있는 이른 여름
창문 너머 보이는 것은 녹음이구나
긴- 겨울 봄이 올라치면
얼음 속 노란 꽃잎 복수초가
가슴을 뛰게 하고
이름 모를 봄꽃이 줄줄이 입을 열 때면
향기 너무 취해 뛰어 넘고 싶다
달빛 별빛처럼 찬란한 꽃 다 사라지고
목 백일홍은 그들 추억하는 마음으로
양양하게 또 다시 봄을 만들어 가고 있다

잉태孕胎의 숱한 고난과 어려운 시간도
해산解産의 고통과 즐거운 시간도 다 지나가고
너와 나 외로운 마음 만나는 순간
꽃잎 다 시들어 흩어지고
쓰르라미 울기 시작하는데
초록 이파리 사이 우뚝한
저렇게 좁쌀 같은 꽃잎이
다발을 이루는 분홍꽃
이쯤에서 피우는 향기
목 백일홍 자랑스럽다

햇살 바라기

저 하늘 태양이 나를 비추고
세상 사람들 미소가 향하던 시절
내 웃음소리 공기를 들뜨게 하고
손을 맞잡아 주던
황홀했던 시간들은 다 지나갔다

개똥지빠귀 파란 하늘 아래
외롭고 고단한 가을빛 떨어뜨리고
긴 세월 동안 날갯짓하며
겪어낸 고통의 가지에 걸려
꼼짝 않고 세월 보내더니

이제는
누구라도 품어 안는데 인색하지 않고
비바람 눈보라 피하지 않고
말없이 검은 저승꽃 달고
언제까지나 이름을 불러 줄
누군가를 그리워하며
동네어귀 놀이터로 만족하고
먼 듯 가까운 듯
하늘 문 두드리고 서있다

품앗이

낯선 땅에 이사와
친구하자며 오고 간 그 여자
지난 여름 무덥던 오후
잎사귀 뚫고 내린 햇살만큼
뜨거운 얘기 마음 깊어지고
얼마를 지났을까
붉은 노을 물들고
고요히 저무는 호랑이 해
다친 다리 입 다물고 끙끙댈 때
동짓날 팥죽 큰 그릇
인정도 함께 들고 와
고마운 마음 하얀 꽃 피었다
머물다 간 빈자리 뒤 창밖 하늘엔
문득!
흰 구름 속 친구 얼굴 환하게 보이는데
서럽던 때 진한 마음 살갗에 묻어나고
흘러 온 냇물 깊이 생각하며
살아가고 있다는 것은
서로 품앗이 하듯 사는가 보다
주고받고
가고오고

누렁이

끈을 달고 산책 한다
이웃집 누렁이가

머-언 옛날
우리 집 인심 좋은 누렁이는
온 동네 사랑받고 살았다

어느 날부터인가
누렁이는 오뉴월 삼복을 지나도
낙엽이 지는 해 저문 날에도
눈 덮힌 겨울날에도
영영 돌아오질 않았다

소문에
그 해 여름 무덥던 어느 날
학교 가는 길 큰 다리 밑에서
낭패를 당했다는 것이다

누렁이라는 사실을 확인하지 않은 채
먼 길을 걸어오면서
문득! 기억 저편에 서서 지워지지 않는다

동네 우물

어릴 적 동네 골골이 이름 있어
짓 골, 양짓 마을, 논 깐테 화자네

큰집 앞
동네 우물 야단법석
머리엔 따비 항아리 이고
온 동네 아낙네 모이는 그 곳

늦잠 잔 새집 색시 식은 밥 먹는다고
나무 하러간 홍살 뫼 키 작은 아재
지게 채 굴렀다고
부늣골 작은댁 큰댁을 시어매
모시듯 한다고
선 보러 간 골마처녀
퇴자 맞았다고
우리 집 아지매
얻은 산나물 씻으면서 입이 닳는다

마음

동서남북 불어오는 바람
언제나 출렁인다

빙그르르
물방개 연못 위서 재주놀이 하는
그 속을 누가 알까?
고추잠자리
쉼 없이 날갯짓 해도
연잎에 앉은 청개구리 마음 헤아릴까?

저물어 가는 들녘
바람 따라 살다
구름 되어 돌다
하늘 가득 반짝이는 별이 되어
들꽃 한 송이에게도 그리움 주고
떠나고 떨어뜨리고 온 마음을
곰곰 생각하며
집착 없이 살아가리

시방세계 바람은 자꾸 부는데

매미

처서 지나
가을이 짙어오면
매미소리 요란하다더니
들에도
산에도
집 주위 매미소리 우거진다

가슴 떨며 울부짖어
마음껏 토해내소
우리네 사는 모습
앞집이나 뒷집이나 그렇고 그런 거지

긴 세월 입 닫아 놓고
맺힌 한이 그리 많아 저리 섧게 우는가요
인간 세상 절인 마음 이제사 통곡이요

세상사 어우러져 살면서
나를 벗어나면 아무것도 아닌 것을

임정남詩集

낮달

4 빈 오후

밤꽃이 필 때면

바람에 저 우주 속
흩뿌려진-
새털구름 배경 담아
하늘땅 사이
무심코 스쳐보는 산속 마을
봄인가 했더니
어느덧 한여름
밤꽃 향기로 깊어가는 6월
까끄라기 보리 사리에
여름은 더욱 내달려가고
물보라 속 아이들 잘도 뒹군다

그림자 엷게 드리운 산
해 넘어가 적막을 깨뜨리는
황소 발자국 소리에
목마른 그리움
아직도 쓰디쓴 고독
간절한 마음 애써 숨긴다

배롱나무에 꽃 피면

진분홍 꽃다발이 발갛게 피어나면
지나는 사람 한 번씩 멈추어 서서
옛 이야기꽃 바글바글 핀다

윤기 나는 이웃집 뜬소문에
떨어진 꽃잎,
오르내리는 발걸음에
뭉개어진 상처
벌 떼 같은 입으로
자근자근 밟아 놓고
이야기로 버무린 비밀은
바람 따라 시원하게 소문은 날아간다
오글오글한 꽃 심장은 퉁퉁 부어
눈두덩에 집을 짓고
찌는 볕 울타리 따라
오르던 능소화처럼
꽃잎은 뚝 떨어지고
거덜난 그 꽃 주워모아 깁던 그녀
꽃잎 위에 피어오르던 이슬 방울
나무를 닮아 새순으로 솟아올랐다

아쉬움

은행잎 뚝뚝
길 다니는 소리 서걱서걱
가을걷이 끝나는 상강霜降
목줄 걸고 노랗게 질려
겨울로 끌려가는 모과
산과 들 온갖 단풍
하늘에 매달려 빨갛다 누렇다

마른 바람 굴러가는 허전한 마음
살갗 스치는 까칠한 소리
가슴 속은 더욱 차갑다

끝도 없는 유년의 꿈으로
되돌아 갈 수 없지만
이제 우리네 꿈과 이상은
동일할 수 없는 현실
어레미 속 등잔불처럼
아련히 밀려가고 있다

자화상

호롱불 조는 늦은 밤
풀벌레 소리 머리에 이고
잠시, 잠에서 깬 나는
불심지 올려놓고
옥돌로 만든 벼루는 아니지만
힘찬 붓끝으로 天地를 열었다
세상의 모든 비탈을 뛰어 넘어
서투른 솜씨 정성을 다한 막사발이
이제 막 완성되어 가고 있다
초록의 걸쭉한 말차 향 음미할 날 기다리며
코스모스 피는 언덕 노을 떠올리면서
새벽 별 그림자 바라본다

갈색 가을

별은 떴어도
전깃불을 크게 비추어도
밤은 캄캄하다

현관 밖 감나무 아래 잠시 섰다
적막 속 고양이 야옹 야옹
소리 길게 난다
대숲 사이로 비치는 전깃불
비에 젖은 추레한 고양이 모습
무엔지 가슴에 와 닿는다
이유없는 고독 길게 흐른다

울컥
하늘과 땅 사이
눅진한 냄새인지 향기인지
코끝을 스쳐 지난다
빛바랜 추억들이 잠시 머뭇거린다
이제
막바지 전등불 같은 이파리
갈색 낙엽으로 채우는 것은
누구의 몫일까

순간

바람이 단풍배 타고
세상구경 가자고 조르는 사이
배낭 메고 밖으로 나가
부는 바람 따라 한나절 걸었다
들국화 언덕길에서
갈꽃 같은 가슴 속 추억
파란 하늘 꽃잎처럼 훅 날리고 싶다

고추잠자리 마음껏 춤추어
마른 가슴 파란 물 고이고
눈에는 붉은 그리움 매달았다

살아 도-
살아도
끝도 없는
그리움이 무엇인지
보고픔이 무엇인지
고개 넘어
산 넘어
구름 넘어

보이는 곳 없지만
이런 마음 이어져
가슴 속 바람은 영원한 아지랑이

누가 날 찾거들랑
단풍 열차 타고
가을역 갔다 말해 주오

가을 풍경

저물어 가는 들녘
시골마을 굴뚝에 흰 연기 피고
뎅그렁 바람에 허수아비 날고
파란 하늘엔 고추잠자리 멀어져 간다

성급한 가랑잎은 아쉬움에
고속도로 뛰어들어
날고뛰고 빙그르르 묘기까지 부리다
바퀴에 깔려 헐떡거리다가
가루되어 분풀이로 획 날아
앞 유리창에 착 달라붙어
행패 부리기도 한다

대숲을 가로질러
된 목소리로 낙엽이 달려가네

가을 뜨락에 서서

감나무 가지에 걸려
오도 가도 못하는
너무 큰 늙은 호박이 힘들어하고
가을 햇살에
붉은 감 푸른 감 아직도 커 간다

서역 하늘 붉게 타오르고
시린 바람 찾아오는데
가슴 떨리는 그 풀벌레들 소리
추억 떠올리며 그리워하고
우수수 흩어져 버린
기적 소리만큼이나
모두 다 흘러 가버린 지금
허전하고 가난한 마음

어디!
누구라도 함께 가을 차
한 잔 마시며
뜨거운 사랑 얘기 밤새워 하고 싶다

가을 하늘

낯선 강 멀리
키는 하늘에 닿아
여름 꽃들은
어느덧 떠나가고
어디선가 날아 온
한 장의 단풍 새
하늘을 날고 있다
밤나무 가지에서
밤 줍던 다람쥐
툭
젊음을 떨어뜨리며
벌써 가을이 깊어 졌나봐!
초점 잃은 눈으로
가을 하늘 쳐다본다

시골 풍경

느티나무 아래엔
멍석이 깔리고

먹다 남은 밥그릇 옆
곤히 잠든 아가

앞 논바닥엔 모판 떼기
남녀가 줄을 잡고

논두렁엔 흰둥이 검둥이
덩달아 뛴다

앞산 꿩 소리에
오리가 후다닥

깊은 샘 맑은 물
*바라밀이 돋아난다

---

*바라밀 : 깨달음, 희망, 소망

산마루 그리고 들길

동네가 다 보이는 높은 산마루에
오래 된 큰 소나무 밑에 앉아
멀리서 내다보이는 들길이 좋다

언제나 다시 가도 그 자리 그곳엔
윗마을 아랫마을 아늑한 들길
드문드문 들판에서 일하는 사람 몇

아롱아롱 산자락엔
논두렁 밭두렁 기어 다니던
장끼의 울음소리에
놀란 떼 까치들 후르르 날아오른다

아직도
산마루 소나무 밑
수염 날리던 노인네
어디로 에 먼 꼬부랑 들길 따라
돌아오시는 어머니 보고
반갑다고 헛기침 하시며
발걸음이 빨라지시던 아버지
먼 그림자 찾으며 그 자리 서본다

길모퉁이

창문 열고 달리는데
보리누름 파도치고 플라타너스 잎
부채질 한다
해 걸음 먼 길 떠나
쭉– 뻗은 이차선 도로 앞지르기
할까 말까 제자리
안개꽃처럼 서있는 길모퉁이 순경
큰 바위 얼굴이다
두근두근 가슴 안고 지나는데
웃음으로 면허증 앗아간 그
개운치 않는 벌금으로 긁히고

먼 길 떠나는 날이면
세월이 흐른 지금도
그때 그 일이 생각 나
삶의 누추함에 아쉬움이 생긴다

빈 오후

햇살이 누런 들녘을
비스듬이 누울 때

고향 빈집이
태초의 모양으로 정리 됐다는
소꿉친구가
들국화 향기로 전해 왔다

문득
빛바랜 시간들의 이야기
바람처럼 귓가에 아른거린다

금방
대문 앞에서 부르면
누가 나올 것 같은
정 가득한 얼굴로 나를 반기듯
빈집이라도 그냥 있었으면

이제
갈 곳 없어진 추억 많던 고향집
봄이 되면 감꽃이 마당 가득 쏟아져
바구니 담아 소꿉놀이 해봤으면

흔적痕迹

저녁연기 피어오르던 그곳
군불 넣은 아랫목에
*따루 차 한 잔 마시고
낙엽 이불 등에 업고
호롱불 춤 출 때 사랑 詩語
읽어도 봤으면
바람 불면 후두둑 꿀밤 주워
그 떫은 도토리묵 맛 봤으면
댓돌 위에 놓인 흰 고무신도
들마루 호박 건박도 자취 없고
떠들고 놀던 뜨락엔
그 웃음소리 어디가고
달빛도 별빛도 그림자도 보이지 않는다
지금은
하늘공원 개밥바라기 되어
별똥별 됐나 보다

---

*따루 차 : 우려 먹으면 더 향기가 달라지고 깊은 맛 나는 중국 차

허공에 집을 짓고

꽃도 보지 못하고
여름을 보낸 혹독했던 지난 여름
허공에 이는 열매가 뿌려진다
하늘을 맴도는 가느다란 덩굴 위
숨죽이며 가랑잎 하나 매달려 있다

어두운 터널을 몇 번이나 지났을까
언제나 벼랑 끝 피난살이처럼
적막이 묻어나는 절벽에

하늘에 흩어지는 질문 사이로
봄 오면 다시 푸른 잎으로 무성하겠지
꽃 버리고 열매 맺어
덧없이 돌고 도는 한 오라기 삶
가을바람에 하늘거린다

찔레

스쳐가는 이야기
찔레꽃 가시에 찔리어
심장이 따끔 거리다
맥박은 달음질 치고
똑딱거리는 시계소리
밤새 눈꺼풀 이고
뜬 밤 새웠다

여름에 무성하던 가시 돋친 찔레
가을걷이에 난도질 당하고도
어느 틈에 잔가지 담벼락을 타고
유리창에 기대선 새하얀 가시 꽃
잘도 웃고 있다

붉은 가시 뽑아내고
이슬 따서 목 추기고
따끈한 찻잔에 꽃잎 띄우고 싶다

지금

비온 뒤 멀리 새벽
푸르고 깊은 산
신비로운 하늘

아직도 보고 싶은 이 있어
먼 그대 생각에 눈멀어
모래자갈 바위에 치인
피멍 발로
들국화 문턱에 서있다

봄꽃 바람에 눈병 나고
가을 햇살에 목이 탔다

그대
기다리던 님
푸른 하늘 흰 구름 타고 오셨나?
눈멀고 발 없어 못 왔나?
여기까지 오기가 그리 멀었나?

귀뚜라미 소리 커지기 전에

들국화 향 퍼지기 전에
아들아! 각시 손잡고 어서 오게나
달구지 타고 파란 꽃마을로

몽혼

아지랑이 같은
눈에 확 잡히지 않은
미지의 죽음이 어떤 것인지
체험하고 느끼고 싶었던 때 있었다

수술대 앞에
죽음 직전의 마음, 혹!
마지막일지도 모르는
떨어져 가는 낙엽 쓸리는 소리 들으며
손등을 타고 전해오는 그 사람 숨결
아직도 사랑에 허기져 소리 내어 통곡하고

내가 만약 이 자리 다시 서게 되면
세월은 그냥 보내지 않고
미운 사람 미워하지 않고
사랑하는 사람 더욱 사랑하고
하늘 땅 사람 모두를 안고 싶어라

"좋은 공기 쭉 들이켜세요"
꿈으로 설레던 시절 그리워하며

영화처럼 지나가는 필름을 점점이 찍으면서
가슴 속 아쉬움이 흰 연기처럼 피어오르면서
따스하고 노을 진 하늘
구름 타고 어딘가로 두둥실 떠나갔다

꿈속 같은 긴 잠을 벗어나면서
먼 허공 울리는 그 사람 소리
귓전 메아리치면서
동굴을 밝히는 횃불처럼 심장은 고동치고
이슬은 주르륵-
안개 속을 흘러내렸다

5 두근거리며

잠꼬대

숲을 스친 바람 매섭다
뒹구는 낙엽 위에
내려앉은 한기 으스스하다
곧고 구부정한 나무 육탈 끝내고
동안거에 든 고행의 수도승이다

나뭇가지 사이로 펼쳐진 하늘 파랗다
쌓인 낙엽 밟으며
누렇다 못해 붉어진 얼굴
검게 타버린 지금
너의 푸른 날을 떠올린다

무덤덤한 시어머님의
오래전 선물인 나의 속옷이
파스스한 씨줄만 남은 이파리로
던져버릴 수 없는 오늘
생손앓이 새살 스치는 느낌이다
종이꽃에서 향내 나듯
속옷을 어루만지며
목이 마른 노을빛 붉게 충혈이 된다

단풍잎 같은 행복

꽃길에 핀
코스모스 생각 따다가
그대 찻잔에 띄우고 싶은

단풍 든 햇빛은 높고
제 앞가림이 서투른 나무들도
살랑살랑한 마음 발그레하다

눈 속에 촉촉히
그리움도 그려 넣고
추억 따라 길
떠나가고도 싶어지고
들길 코스모스 향하는 발길은
서산을 넘고 있지만

바람에 별을 달고
바람난 단풍만 쳐다본다

두근거리며

누렇게 물든 은행잎 사이로
흰 구름 말갛게 피고
나뭇가지 사이로 파고드는 바람에
냇물에 던져지며
한숨 쉬는 은행잎
언제나 빨간단풍으로 착각하며
으스대던 모습은 저리가고
머뭇머뭇 바람 따라온 노란색은
두근거리며 사랑하던 온갖 단풍들을
멀리 바라본다

발길에 밟히는 낙엽 따라
허리도 굽히고
고개를 숙이며
파란 시절을 그리워하고 있다

땅거미

약속도 없이 사그러드는
아무렇게나 빨강 단풍
가슴에 내려앉아
가을임을 알리고

비 많은 여름도
끄떡없더니
어찌 가을 가뭄에
견디지 못하고
생을 마쳤다는 이야기를

단풍나무 후두둑 털며
찬바람 뒤에 올
으스름 어른대는
저녁하늘에 안타까움 남긴다

송기떡

경주 함월산 기림사
초파일
일주문 안 쪽– 올라가면
산나물 솔잎가루 더덕
깨엿 땅콩엿
신기한 송기떡도 있다

전쟁 뒤 가난의 시절
소나무 껍질로 떡 해먹던
지금은 반가운 떡

송기떡 찾아 추억을 먹으면서
흘러가는 것 있다가 없는 것
아침 꽃잎으로 기억해 본다

고갯길

평생 다닌 울퉁불퉁한 산길
달 비친 늙은 소나무
멀리 사람의 말소리
어스름밤이 고요하다

고갯길 바위에 걸터앉아
물러나 사는 지금
소나무 가지에 앉아 있는
부엉이를 쳐다보면서

드문드문 흩어져 살았던
옛날보다 더 추운 지금
봄이 오면
황토 언덕 꽝꽝 언 강물도
녹아내리면 꿈처럼 잊고 산다

어제 내린 눈은
어제만 있지 않고
오늘 위에도 쌓여 있다

겨울밤

새 소리
바람소리마저 언 겨울
떠나가는 밤 매어 두고 싶은 오늘

크고 작은 일
백설처럼 쌓인 눈
가래로
위로 치우고
아래로 떠올린다

큰 놈 향해
꿈과 희망 별빛으로 가야 할 길
힘 보태주고
씩- 웃으며 돌아선 아들
흰 머리카락 듬성듬성 바람에 날린다

한참을 자고 문득 깬 캄캄한 밤
언 나뭇가지에 내 마음 걸려
숨소리 잠시 멈춘다

눈 부시는 이 시간

온 세상을 상처로 입힌 겨울은
초가마을의 연기처럼 떠나가고
계절은 도시로 오지 않고
어슴푸레 먼-산 나뭇가지로 찾아든다
햇살 따스한 빗살 되어
솔가지가 바람을 치면서
어눌한 몸놀림으로
산신령 같은 이미지로
조금씩 조금씩 가까이 오고 있다

이제
그 깊은 눈으로 얻어낸 노을빛은
가지 겨드랑이에서 꿈꾸고 있을
그의 향기를 그리면서
매정하고 잔인했던 지난날을 잊어버리고
오늘도 그렇게 기다린다

분신分身

옹알이에 담긴 한없는 뜻은
오래 바라보는 이에게 보내는 아우성인가
곡절도 하도 많아 너무 배부르다며
우유도 먹지 못해
궁둥이에 주름이 잡혀 있던 너
이웃집 철이 뛰어노는 모습에
부러운 너의 눈
그 속에 내가 서 있으니
겨울 산 기러기 되어
천만번 오르내렸다

한밤에 문득 잠이 깰 때면
사계절 잘 자라는 너를 보면서
햇살 쨍한 푸른 날에도 눈물나는
기억 속에 머문 너를 잊어버리고
살아가는 동안
파란 하늘 맑은 햇살만 보기로 했다

차마, 말할 수 없는 감정이
잠 속에서 작게 울던 내가
서쪽하늘 바라보면서
지금은 환하게 웃음 뿌리고 서있다

횡단도에서, 잠시

지나는 곳, 대로大路
목적지마냥 걸음이
저절로 멈춰지는 곳, 횡단도
건너면 바로 버스 정류장
그 안에 노인, 아주머니, 학생, 처녀, 총각

차들이 쉴새없이 왔다 갔다 한다
빨간불
횡단도 안에 비둘기 한 마리
모이 주우며 가다 날다 오다 날다
를 여러 번 잘도 건넌다
모두가 시선 집중
가슴 조이며 말 없는 한마음

사는 동안
밀물과 썰물이 이어지는 나날
아무도 그 넓이를 가르쳐주는 이 없는
저렇게 고단할 수밖에 없는 너
실핏줄처럼 얽힌 우리들
더욱 힘들고 위태한 적 없었으랴
되돌아보는 한순간이다

자전거를 배우다

자전거 배우는 동안은
시간 가는 줄 모르고
자전거 타기에 바람이 났다

온갖 정보 메신저는
자전거 열풍이다

세상은 유행을 따라가고
사람들은 숨 가쁘게 쫓아간다

오늘도
오르막 내리막 인생을 타면서
아직도
안개꽃 같은 신기루를 꿈꾸며
내일을 달리고 있다

바람은 불어도

정원에 오래된 은행나무
삭풍에 깊어져 처연하고
매미는 모시처럼 옷 걸친 채
떠나고 없는 옛 사랑에
한바탕 푸닥거리 하는 걸까?
하품처럼 번져가는 기억들에
아무도 차단하지 못하는 전원들!
추억은 나날이 퇴적 된다

오랜만에 햇살은
담벼락 가득히 걸터앉아
배롱나무 찾아들고
그 꽃들은 청춘처럼
분노와 욕망도 없이
환하게 웃고 섰는데
나비는 송이송이 앉아
허공에 뛰는 바람을 잡는다

그래도 봄은 오고 있다

눈 하얗게 덮여있는 도시
소한小寒이 인간의 죄罪 와 벌罰을 심판 하듯
쩔쩔매는 너와 나
하늘도 퍼렇게 질려 떨고 있다
도시가 꽝 꽝 얼어붙어 힘없이
굴복하는 법과 질서 비틀거린다
두터운 외투 털모자
굴하지 않는 투박한 신발도
추위와 눈앞에선 생각이 하얗다
자연을 깔보며 마구 날뛰는
인간들아 겸손해져라 하고
백설들은 마음껏 소리 내어
질퍽이며 비웃는다
빌딩 모퉁이 군밤 고구마 장수
히죽히죽 신이 나서 흰 연기 속
고드름 털며 바쁘게 굽고 있다

그래도 목련봉오리 털모자 쓰고
한파 속 달아오르는 가슴 터져 올리고 있다

산다는 것은

골짜기 아래 길은 이어지고
개울에서 끊어지고 이어진다
길은 깊이 생각에 잠기기도 하고
고을고을 마다 사람 마다
천리 먼 길 다르게 이어가고 있다
길은 어제의 연장으로
오늘이 있는 것은 아니다

사람은
애오라지 고독하고 그 깊은 어둠은
어둠을 낳고 고독으로 이어진다
산허리 바람진 그곳 다시 돌아본다

길은 언제나 멀리서 바라보면
물이 흐르듯 추운 겨울 또
다시 배낭을 메고 하염없이 걸어간다

눈雪

그리움 푹푹 내린다
가슴 속에도 눈
지붕 위에도 눈
굴뚝만 내어 놓고
안에는 무얼 하는지
연기만 중얼중얼
잠꼬대처럼 피어오르는 겨울 집
어쩜
아궁이에 벌건 장작불이
가마솥엔 달콤한 고구마가
노랗게 이야기하고
안방 아랫목엔
목화솜 이불 속 발가락이 대굴대굴
웃음소리 흐르며
눈물과 웃음이 차곡차곡 쌓이는 눈

다시는 오지 않을 시간 속에서
세상 오는 날부터 하늘 갈 때까지
긴 이야기 이렇게 쓰면서 잠이 들 것이다
눈처럼 소리 없이

느티나무

무성하던 잎 남김없이 떨군 나무
거친 맨살 드러내고
빛깔 향기도 모두 잃은

아무도 찾지 않은 혼자 선 겨울
산 그림자 업고 말없이 살아가는
입 다문 느티나무
눈目도 입도 눈雪처럼
가득했던 시절은 어디가고
지금은 소리 없이 스쳐 지나는
나그네 뿐

겨울나무 말하지 않으면서
말 더 많이 하는
그곳 우리 집 느티나무
홀로 선 나뭇가지 위로 또
이 겨울은 흘러가고 있다

반가운 마음

눈이 오면 언제나 마음 속에 가득 찬
반가운 이 그리운 이 쏟아 내린다

생각나는 젊은 시절
진눈깨비 뿌리던 날 코트 주머니 속
실밥 만지작거리며
구름 뒤에 숨은 별빛 찾으며 거닐던 거리
푸른 소설 써가며 지우고 또 지우던 때
그리워라

바쁘게 지나가는 시간들 속에
문득 나홀로 갇혀 있는 듯
마른 나무처럼 우두커니 앉아 있다

내 고무신 얇은 밑창으로 가끔
불러낸 추억을 밟으며
흘러간 세월 붉은 노을
서쪽으로 너무 멀리 온 것 같다

현관문 소리에
고향 다녀온 그 사람 기척에
반가운 마음뿐이다

하늘 편지

언덕에 올라
뜬구름 일렁이는 하늘 봅니다
구름 쳐다보다가 없어진 저기
한바탕 꿈처럼 멍하게 서성거리며

언제나! 부르면 기쁨으로 다가올 어머니
내가 떠난다 말하기도 전에
저녁 군불 생솔가지 때문에
눈이 맵다고
안방 고방 마루 버선발로
봉지 봉지 싸시느라-
손 마를 새도 없었지요

눈물 웃음 지나간 세월 그리워
괜히 서럽던 때 핑계 삼아
소리 내어 펑펑 울어도 봅니다
해 길어지고 푸른 산 우거질수록
그리움은 더해가고 가을 같은 빈 마음
이제야 헤아리는 저!
천리 먼 길 어머니 찾아
허공을 헤맵니다

이제!
코스모스 숲길 지나
억새풀 헤치고 소나무 에워싼
불두 화 옆 음력 팔월 스무나흘이면
언제나 찾는 어머니 산소
뻐꾸기 울음만 대답하는 적막한 곳
보고 싶으면 언제라도
자주 자주 영혼이 깃든
그곳으로 찾으렵니다

먼 그 곳! 그때 그 모습으로
안녕히 계십시오

지연희 (시인, 수필가)

봄날의 유채꽃 같은 맑은 향내

임정남 시인의 첫 시집 「낮달」의 출간을 앞두고 있다. 깊은 관조와 애정 어린 시선들이 모아낸 언어의 조각이 시 문학의 집 뜰에 모였다. 깊은 사유의 그늘에 매인 봄날의 화사한 꽃향기가 순연한 아름다움으로 시 감상의 감각을 깨우고 있다. 늦깎이 시인의 담담한 문체가 빚어내는 감성의 자욱이 순연하고 맑다. 詩는 언어 예술이 직조한 비단피륙이다. 그윽한 비파 선율에 스며나는 봄 햇살 같아서 그대로 노래이고 그대로 향기이다. 기억의 회로를 통과한 언어의 그림들이 각기 제 실체의 본향에서 저벅저벅 걸어와 하나의 빛나는 의미를 세우는 기쁨이다. 임정남 시인의 시는 그 옛날 단발머리 어린 문학소녀가 성장하여 부르는 회억의 노래이지 싶다.

계간 문파문학 신인상을 받고 시인의 이름을 부여 받은 임정남 시인은 만만치 않은 나이로 문단 활

동을 시작했다. 그러나 그 시 문학에 기울인 열정은 어느 젊은이 못지않은 단단한 것이어서 독자의 감성을 흔드는 지렛대가 된다. 첫 시집의 싱그러움 위에 깔린 노을빛 향취가 아름답지 않을 수 없다. 총 85편의 자락들이 각기 새털구름처럼 순연한 색감으로 푸른 하늘빛 바탕에 너울을 펴고 감각의 올을 펼치고 있다. 이 화사한 봄날의 계절에 선을 보이는 문자들의 행렬이 언어의 옷을 갈아입고 만개한 봄날을 시샘이라도 하는 것 같다. 처연하리만치 때묻지 않은 순수가 빚어내는 간절한 기도와 고향의 옛집 그리움이 손끝에 뭉클뭉클 묻어나는 것은 임정남 시인의 詩 세계가 지닌 총체적 그림이다.

세월은 그렇게 그렇게
요란하게 흘러가고 있었다

'보호자 들어오세요' 나는
지옥문을 열고 들어가는 순간
'동맥에 피떡이 막혀서'
듣고 있는 그 사람의 멍한 표정
같은 마음이다

낮 하늘
눈에서 별이 하염없이
마구 쏟아지던 날
폐기처분된 욕망들 틈새
바라보는 하늘은 까맣다

지는 해 바다
갈매기 둥둥 먹구름 위로 떠 다닌다
가슴 속 바람은 겨울 같은데

– 시 「어느 하루」 중에서

머리엔 구름 조각
꽃바람 가르며 달린다
상현동에서 죽전 오리 정자까지
그 사람과
한 걸음에 달린다

길섶 달맞이꽃 반가워 하고
메밀 잠자리 길 친구 한다
도로 위엔 시원한 바람이
냇물엔 오리가 헤엄치고
콧노래 부르며

중복中伏을 이고 달린다

아직도 살아남은 꽃 시절처럼
버드나무 바람에 자전거 걸어 두고
흘러가는 탄천에 발 심어
메밀 전병 수수부꾸미
동동주로 입 축인다
서산 지는 해 버들가지로 매어 놓고
우리 이대로 계속 달리면
그 언덕
무릉도원武陵桃源까지 갈 수 있겠다

— 시 「여유餘裕」 전문

시 「어느 하루」는 어느 날 갑자기 남편의 몸에서 이상 기류를 발견하고 의사의 진단을 받게 된다. 쉽게 받아들여지지 않는 결과에 당황해 하고 있는 화자의 모습이 극명하게 드러난다. 낮의 하늘이 온통 까맣게 급변하고 별이 반짝일 만큼 혼미함을 느끼는 화자의 초상을 감각적으로 그려낸 시다. "보호자 들어오세요' 나는/지옥문을 열고 들어가는 순간/'동맥에 피떡이 막혀서'/듣고 있는 그 사람의 멍한 표정/

같은 마음이다' 한낮임에도 불구하고 눈에서는 별이 쏟아지고 삶의 그늘에 꿈꾸어 왔던 모든 욕망들이 순간에 폐기처분되어 온통 하늘은 까만 베일에 덥인 듯 앞이 보이지 않던 상황의 절망을 말하고 있다. 그만큼 남편의 존재가 화자의 삶 속에서 얼마나 소중하게 자리하고 있는지를 보여준다. 하늘 무너지는 아픔의 중첩된 표현이 아닐 수 없다. 절제된 언어로 조합된 심경의 흐름이 유연한 맥으로 흐르는 감동적인 시다.

시 「여유餘裕」의 내연에 흐르는 메시지를 감각의 손끝에 쥐어보면 머리 위엔 구름조각이 떠가고 꽃바람 가르며 그 사람과 달리는 자전거 하이킹의 싱그러움을 체득하게 된다. 또한 '그 사람'이라 지칭하고 있는 남편과 나란한 부부의 다정한 한때를 아름다운 그림으로 연상하게 되는데 노년의 여유로운 한때가 젊은이 못지않은 낭만과 파워를 보여주는 듯하여 상상의 깃으로 바라보는 즐거움이 있다. '아직도 살아남은 꽃 시절처럼/버드나무 바람에 자전거 걸어 두고/흘러가는 탄천에 발 심어/메밀 전병 수수부꾸미/동동주로 입 축인다/서산 지는 해 버들가지로 매어 놓고/우리 이대로 계속 달리면/그 언덕/무릉도원武陵桃源까지 갈 수 있겠다' 아직도 살아남은 꽃 시절처럼 이라는 젊음의 그 시절, 그 추억 속의 시절처럼 자전거는 버드나무 기둥에 기대어 놓고(바람에 걸어 두고) 탄천에 발 담그고(탄천에 발 심어)메밀 전병 수수부꾸미 동동주까지 먹는(입을 축이는)여유야 말로 그 그림만으로도 무릉도원武陵桃源을 이루는 별천지라는 생각에 이르게 한다.

낙동강 정맥의 끝자락 금정산
그 안에 범어사 있다
범천에서 금빛 물고기 오색구름 타고
이 우물에서 사는 범어梵魚

각 전단과 마당에는
사람이 산과 바다를 이루는 장엄한 풍광
천수경 봉독 화음 염불소리
천지를 흐르는 파도소리다
삿된 마음 사라지고 모두가 부처님
추녀 끝에 매달린 풍경소리
방방곡곡 울려 퍼져 승속을 해탈한다

필부필부匹夫匹婦 한 모든 중생
하늘처럼 서있는 일주문 향해 걸어간다

– 시 「범어사」 전문

대전역 광장에서 누가
심술이 동動해서 먹구름 날렸나?
온 전신의 관절은 저려오고
눈꺼풀이 무너지고 있는데
어디선가
탁! 탁! 탁!
나를 때리는 소리
위대한 소음이
눈을 번쩍 뜨게 한다

싫다 좋다가 없는 마음으로
천안 행 열차 타고
입석표 한 장으로 여기저기
밀려 앉았다가
어느 결에 카페 칸으로 온 나는
바나나 우유 한 잔 마시고
틈새 비집고 나와
칸 밖에 기대섰다

큰집 작은집 쓸쓸한 들판
아담하고 소박한 동네 이곳저곳
스치는 창밖 풍경들
탈속脫俗의 삶을 선택한 수도자 되어
합장하며
모두를 근심에서 벗어나게 해줄
극락세계로 달리고 있다
목탁 소리

– 시「목탁 소리」 전문

임정남 시인을 처음 만났던 4년 전 그녀의 모습을 보며 '참 동양적 아름다움을 지녔구나'라는 생각을 했다. 그리고 여름을 맞이한 어느 날 곱게 차려입은 한복의 맵시를 바라보면서 내 생각이 틀리지 않았다는 사실을 확인하게 됐다. 머릿결을 가지런히 빗어 넘긴 단아한 모습이 잊혀지지 않는다. 그렇다. 임정남 시집을 총칭하여 말할 수 있는 부분이 시인의 어떤 시에서건 묻어나는 순연한 심성과 단아한 자태에서 피어나는 고향의 향기 같은 것이다. 말없이 부끄러워하고 가시지 않는 경상도사투리의 언술에서 비추어 내는 느릿한 걸음에 배인 바쁘지 않은 어머니의 몸짓이다. 한 마디로 시인의 태생적 '여유' 혹은 후천적 마음 다스리기의 '여유'가 몸에 배여 구김 없는 사랑으로 남았으리라 생각된다. 가끔 시인의 주변 행동반경 안에서 그녀를 응시할 때가 있게 되는데 나로서는 습관적이며 자연한 한 식구에 보내는 관심으로 '임 시인은 불자이기 때문일 거야'라는 불심으로 다스린 마음의 여유를 유추하여 혼자 짐작하곤 했다. 어느 쪽인지 정확치는 않지만 그녀는 지금 '독실한 불자'임에 분명하다.

시 「범어사」와 시 「목탁 소리」의 詩도 그녀의 마음 깊이에 자리하고 있는 불심의 크기를 읽는 일이라 본다. 낙동강 정맥의 금정산에 위치한 범어사는 사람과 산과 바다를 이루는 장엄한 풍광 속에 그림처럼 자리 잡고 있다. 또한 천수경 봉독 화음 염불소리가 천지를 흐르는 파도소리처럼 사위에 울려 퍼져 법열法悅을 느끼게 하는 곳이라 한다. '삿된 마음 사라지고 모두가 부처님 추녀 끝에 매달린 풍경소리'로 승려나 속인이나 해탈의 경지에 이르지 않을 수 없다는 것이다. 반면 시 「목탁 소리」는 대전역 광장 어디선가 탁! 탁! 탁! 들려오는 자신을 때리는 깨우침의 소리에 시인은 눈을 크게 뜨고 천안 행 열차를 탄다. 밀물처럼 가슴을 파고드는 부처의 설법이 떠나지 않고 시야를 스쳐 지나는 창밖 풍경에 시선을 모아도 여전히 들려오는 미명의 소리에 번뇌를 버리고 합장하고 있는 시인의 모습을 느낄 수 있다. '탈속脫俗의 삶을 선택한 수도자 되어/합장하며/모두를 근심에서 벗어나게 해줄/극락세계로 달리고 있다/목탁 소리(시 「목탁 소리」 중에서)'결국 목탁 소리는 속세의 번뇌에서 벗어나 극락의 정토에 닿는 청정의 소리가 아닐 수 없다. 임정남 시집에 흐르는 긍정적 시각의 순연한 흐름도 이를 잇는 마음의 수련이 건져 올린 입증이 아니겠는가 싶다.

산마을 여기 저기
눈目 따라 가는 곳
이맘때면 그리움 한 아름 안고
구름 속을 날아다닌다

진달래 향 내리던 어느 봄날
참꽃처럼 얼굴 달아오르던
분홍꽃 세상 처음 느껴 보던

속마음 감추고 다니던 그 시절

아직도 속내 들어내지 못한
오랜 그리움 갈무리 해
한 그루 나무되어 멈춰 서있다

해 저문 이 시간 동산에 올라
세월의 틈새 비집고 들어선 그
언제나 쯤에 한 번은
두견주 한 잔 마주하고 싶다

– 시 「진달래」 전문

아침에 눈을 뜨면
햇살이 커튼을 걷어 올린다
초록 잎사귀 사이사이
숨어 피어나는 모과 꽃
부푼 꽃망울 터뜨리고 있다

꽃 소리 봄 냄새
아침 이불에 말아 얹어 놓고
오늘 밤새도록 향기 마시고
취하고 싶어라

남과 북은 스트레스 있다 해도
가진 자 못 가진 자
두루두루 얼싸안은 지금
맵고 떫은 세상 길게 지났어도
차 소리 붕붕거리는 이 시간
원고지 칸에 글 메우고
현관 밖 문고리엔
대롱대롱 인정도 달아 놓은 이웃
웃음과 눈물도 나눈다

겨울도 깨어나 꽃 계절로 건너뛰는 초봄
예순을 훌쩍 넘긴 나에게
지금이 좋은 때 같다

– 시 「지금이 좋은 때」 전문

시 「진달래」는 그리움이다. 진달래 흐드러진 봄날 참꽃처럼 얼굴 달아오르던 그 수줍음의 시절 분홍빛 속마음 감추고 드러내지 못한 오랜 그리움을 반추하고 있다. 흐르는 세월의 무게를 딛고 어느 날 두견주 한 잔 마주하고 앉아 감추었던 그 부끄러움이던 감정의 실체가 무엇이었을까 확인해 풀겠다는 기대가 보인다. 진달래꽃으로 대리된 가슴 설레던 분홍빛 사랑이 두견주를 마주할 수 있을 만큼 여유롭게 순화되었다. 이는 세월이라는 흐름의 속성이 정신의 거리에서 육화되었다는 것이 합당한 견해일지 모르겠다. 또한 '해 저문 이 시간 동산에 올라/세월의 틈새 비집고 들어선 그'라고 지칭되는 대상과의 거리가 그 봄날의 부끄러움보다 가까워진 이유가 아닐까 한다. '그'에게 말하지 못하고 가슴 속에 품고만 있었던 가슴 설렘의 아름다운 대상은 현재 가장 근접한 거리에서 함께 삶을 영위하고 있는 남편에게 보내던 연심이지 싶다. 마음의 표현을 다 드러내지 못하던 시절의 낯부끄러움이 세월에 숙성되어 '그'와의 격이 없는 소통을 기대하는 것이다. 아침에 일어나 눈을 뜨면 햇살 가득한 커튼을 걷어 올리고 창밖에 비치는 초록 잎사귀 사이사이에 숨어 피어나는 모과 꽃으로 부푼 하루가 시작되는 시 「지금이 좋은 때」이다. 온갖 어지러운 세상사 긍정적으로 받아들이는 화자의 정신이 그대로 유입되어 '남과 북은 스트레스 있다 해도/가진 자 못 가진 자/두루두루 얼싸안은 지금'은 때라고 한다. '맵고 떫은 세상 길게 지났어도/차 소리 붕붕거리는 이 시간/

원고지 칸에 글 메우고/현관 밖 문고리엔/대롱대롱 인정도 달아 놓은 이웃'과 소통하는 지금이 좋은 시절이라고 한다. 앞서 언급한대로 매사에 긍정적인 사고를 지닌 사람이 임정남 시인이라고 했다. '그냥 그렇게 합시다. 그렇게 하지요' 그녀는 모난 것이나 둥근 것이나 몸소 받아들이고 넓은 이해로 여과해 낸다. 그러나 시인에게도 '맵고 떫은 세상'이나 '차 소리 붕붕거리는' 고단한 날이 없었던 것은 아니었다 미루어진다. 하지만 매우 현자賢者다운 여유와 정신의 산물인 시인의 작품이나 삶이 그냥 얻어지는 것은 아니었으리라 생각된다.

아가의 까만 눈동자
왠지 꼭
*올미를 닮은 것 같다
동자 속으로 빠져 어린 시절로 간다
봄이 되면 앞 논에서
농부는 써레질로 논바닥 칠하고
가래질로 둑을 세운다
물 가득 한 논 가운데 올미 싹이 일렁인다
까만 올미는 군입꺼리이다

물속에 잠겨 부르튼 손발로
아이들은 올미를 건져 올린다
몇 개를 거머쥔 나는
동생에게 달려갔다
종일 놀고 온 그 사이
아가는 새가 되어 하늘나라로 떠났다고 했다
그 후 눈물이 많아져
뚫어진 가슴이 메어지지 않았다
눈이 까만 천사는 왜
일찍 가야했는지 그때는 몰랐다
늙어야 죽는다는 동화 속의 이야기
과거 현재 미래의 엉클어진 진리가
세월 후에야 알게 되었다

– 시 「올미」 전문

*올미 : 논에 나는 택사과의 다년초. 수염 뿌리가 족생하고 그 끝에 괴경이 있음

노란꽃 분홍꽃보다
향기 떨어질까 힘겨워 하던 것을
빈 밭에 힘없이 걸려 있는 너

새싹에 이름표 달고
가방에 긴 희망 끈 매고
기차처럼 달리다 내려보니
진눈깨비 쏟아진다

꿈들을 신고 험한 대청봉에 올라
붉은 해맞이에 감격의 눈 울음 삼키고
내 무거운 욕심 하나 둘 던져 버리고
비로소 가벼워진 발걸음
온갖 근심은 뒤로 하고
스스로 힘 겨누고
폼 내던 시절 그리워 해본다

이제는 작은 기쁨도 숨기고
가방 속에 망가진 이상들
허물어져도 그뿐이다

마르고 검은 나뭇가지에
새 박처럼 가벼운 꿈으로 매달린 이 밤
어둠이 걷히면 떠날 것을
하늘에 내 작은 귀 구름에 걸어
고요히 세상 엿듣고 차분히 내려놓는다

– 시 「이름도 없는 난蘭」 전문

시「올미」는 아가라고 지칭되는 어린 동생을 세상 밖으로 떠나보낸 슬픔이 오랜 시간의 흐름 속에서도 잊히지 않을 만큼 배면에 깔린 시다. 올미는 마을의 작은 연못이나 논에 봄이면 돋아나는 동그랗고 까만 뿌리 열매로 아이들의 군입거리였다. 친구들과 써레질이 끝난 논바닥에서 몇 개의 올미를 손에 쥐고 작은 아기천사 같은 동생에게 주려고 집에 돌아오지만 언니의 마음은 산산이 무너지고 깊은 충격으로 상처를 받게 된다. 사람은 늙어야 죽는 줄 알았던 어린 아이가 경험한 죽음이라는 존재의 비워짐은 쉽게 치유되지 않는 아픔이었다. '뚫어진 가슴이 메어지지 않았다/눈이 까만 천사는 왜/일찍 가야했는지 그때는 몰랐다/늙어야 죽는다는 동화 속의 이야기/과거 현재 미래의 엉클어진 진리가/세월 후에야 알게 되었다' 탄생과 소멸의 자연한 존재의 이치를 사람의 힘으로 말하기는 쉬운 일이 아니다. 우주 만물은 눈에 비치는 혹은 눈에 보이지 않는 것까지의 존재적 의미를 지니고 있다. 다양한 형상만큼 서로 다른 생태적 나름의 존재 이유가 있는 탓이다. 세월이 한참 흐른 후에야 알게 되었다는 어린 천사의 죽음은 시인의 가슴 속 오랜 아픔으로 한 편의 시가 되어 부활의 의미를 지니고 있다.

임정남 시인의 시집을 읽다보면 여러 군데 '비움'의 언어들과 마주치게 된다. 버리고, 내려놓고, 마음 속에 삼킨다. 이와 같은 마음 다스림은 어느 만큼의 삶을 살아낸 사람의 유유자적悠悠自適한 여유임에 분명하다. 시인의 나이가 이순耳順의 중턱에 걸린 사실로 미루어 보면 비로소 모든 삶의 의미를 순리대로 이해하게 된다는 生의 공간에 서있는 까닭의 하나임도 알아채지 않을 수 없다. 하지만 이 극대한의 마음의 여유는 '태생적' 혹은 '불심'의 가르침에 연유한 것이라는 믿음을 버릴 수는 없다. '이제는 작은 기쁨도 숨기고/가방 속에 망가진 이상들/허물어져도 그뿐이다//마르고 검은 나뭇가지에/새 박처럼 가벼운 꿈으로 매달린 이 밤/어둠이 걷히면 떠날 것을/하늘에 내 작은 귀 구름에 걸어/고요히 세상 엿듣고 차분히 내려놓는다'는 시 「이름도 없는 난蘭」으로 제시한 시어들에서와 같이 작은 기쁨에 동요하지 않겠다는 의지와 가방 속에 망가진 이상(젊은 날의 꿈) 허물어지거나 한들 그뿐이라는 무욕의 경지가 아름답게 와 닿는다. 평온한 자연의 품속을 거니는 듯한 유유한 행보는 '어둠이 걷히면 떠날 것(죽음에의 귀의)'이며 하늘에 구름에 귀를 걸고 세상 엿듣는 일로 '나'를 내려놓겠다는 크나큰 수도자의 마음가짐이다.

별은 떴어도
전깃불을 크게 비추어도
밤은 캄캄하다

현관 밖 감나무 아래 잠시 섰다
적막 속 고양이 야옹 야옹
소리 길게 난다
대숲 사이로 비치는 전깃불
비에 젖은 추레한 고양이 모습
무엔지 가슴에 와 닿는다
이유없는 고독 길게 흐른다

울컥
하늘과 땅 사이
눅진한 냄새인지 향기인지
코끝을 스쳐 지난다

빛바랜 추억들이 잠시 머뭇거린다
이제
막바지 전등불 같은 이파리
갈색 낙엽으로 채우는 것은
누구의 몫일까

– 시 「갈색 가을」 전문

저물어 가는 들녘
시골마을 굴뚝에 흰 연기 피고
뎅그렁 바람에 허수아비 날고
파란 하늘엔 고추잠자리 멀어져 간다

성급한 가랑잎은 아쉬움에
고속도로 뛰어들어
날고뛰고 빙그르르 묘기까지 부리다
바퀴에 깔려 헐떡거리다가
가루되어 분풀이로 휙 날아
앞 유리창에 착 달라붙어
행패 부리기도 한다

대숲을 가로질러
된 목소리로 낙엽이 달려가네

– 시 「가을 풍경」 전문

가을은 결실의 계절이면서 조락의 의미를 지니고 있다. 가지에 매어있던 잎들이 낙엽되어 떨어지는 이별의 아픔을 예비하여 고독이나 쓸쓸함이 무단히 가슴 속에 스며드는 시기이다. 위에 예시된 시 「갈색 가을」과 시 「가을 풍경」이 전하는 메시지도 낙엽의 몸짓이 보여주는 고독과 연결되어 있다. 시 「갈색 가을」의 도입부에는 달은 한껏 빛을 비추며 하늘에 떠 있어도 전깃불을 크게 비추어도 밤은 캄캄한 속성을 지우지 못한다고 한다. 그 어둠의 음습한 밤 현관 밖 감나무 아래 서서 적막 속 고양이의 긴 울음소리를 듣는다. 대숲 사이로 비에 젖어 추레한 고양이를 바라보며 이유 없는 고독의 울림을 가슴에 담고 있다. '울컥/하늘과 땅 사이/눅진한 냄새인지 향기인지/코끝을 스쳐 지난다/빛바랜 추억들이 잠시 머뭇거린다/이제/막바지 전등불 같은 이파리/갈색 낙엽으로 채우는 것은/누구의 몫일까'라 전하는 시 「갈색 가을」은 울컥 하늘과 땅 사이 눅진한 냄새인지 향기인지 코끝을 지나는 고독이라는 의미와 만나고, 막바지 전등불 같은 이파리의 갈색 낙엽을 바라보고 있다. 저무는 가을 저녁의 고적함을 감지하게 한다. 곧 사위어질 마지막 전등불 같은 이파리의 낙엽으로 대리된 시인의 심경이 눈가에 묻어나는 고독이다.

시 「가을 풍경」의 시간적 공간적 구조는 저물어 가는 시간 속에 있고 시골마을과 고속도로이다. 저물녘의 들녘과 시골마을 굴뚝에 이는 연기의 고즈넉함이 보이고 뎅그렁 바람에 허수아비 날고 파란 하늘엔 고추잠자리 멀어져 가는 공간이 도입부의 그림이다. 그럼에도 불구하고 시인은 이 한 편의 시 속에 시골마을의 고요한 풍경을 스케치하고 고속도로에 뒹구는 낙엽의 가을 이미지를 대칭으로 구조하여 전체적 의미를 확대시키려 한다. 전혀 연속성이 없는 공간이동으로 가을을 시간과 공간으로 설정하고 각자의 모양으로 메시지를 전하고 있다. 고즈넉한 시골마을의 가을이 고속도로라는 소음이 가득한 획일적인 공간으로 이동하여 잠잠하고 다소곳한 정적이 무너지는 가을을 그려낸다. '성급한 가랑잎은 아쉬움에/고속도로 뛰어들어/날고뛰고 빙그르르 묘기까지 부리다/바퀴에 깔려 헐떡거리다가/가루되어 분풀이로 휙 날아/

앞 유리창에 착 달라붙어/행패 부리기도 한다'는 것이다. 가지에서 떨어진 가랑잎의 성급한 습성이 달리는 유리창에 몸을 맡기게 되지만 이 시의 핵심적 메시지는 마지막 연의 두 행에서 독자의 의문을 설득하고 있다. '대숲을 가로질러/된 목소리로 낙엽이 달려가네'에서 의도는 낙엽이 최종적으로 달려가는 대숲이라는 공간의 존재성과 된 목소리의 함축된 의미를 밝히는 일이다. 어쩌면 대숲은 낙엽이 머물러야 할 마지막 안식처가 아닐까 생각된다. 된 목소리로(고단한 생을 접는 최후의 숨결) 머물게 될 흙으로의 귀의일 것이다.

눈 하얗게 덮여있는 도시
소한小寒이 인간의 죄罪와 벌罰을 심판 하듯
쩔쩔매는 너와 나
하늘도 퍼렇게 질려 떨고 있다
도시가 꽝 꽝 얼어붙어 힘없이
굴복하는 법과 질서 비틀거린다
두터운 외투 털모자
굴하지 않는 투박한 신발도

추위와 눈앞에선 생각이 하얗다
자연을 깔보며 마구 날뛰는
인간들아 겸손해져라 하고
백설들은 마음껏 소리 내어
질퍽이며 비웃는다
빌딩 모퉁이 군밤 고구마 장수
히죽히죽 신이 나서 흰 연기 속
고드름 털며 바쁘게 굽고 있다

그래도 목련봉오리 털모자 쓰고
한파 속 달아오르는 가슴 터져 올리고 있다

– 시 「그래도 봄은 오고 있다」 전문

시 「그래도 봄은 오고 있다」는 소한小寒의 폭설로 마비된 도심의 질서를 꼬집고 있다. 하늘도 퍼렇게 질려 떨고 있고 도시는 얼어붙어 법과 질서가 비틀거려 혼란스럽다고 한다. 두꺼운 외투, 털모자, 투박한 신발도 쌓인 눈과 추위 앞에선 속수무책인데 인간의 죄罪와 벌罰을 심판 하듯이 흰 눈의 비웃는 소리가 질퍽하게 들린다는 것이다. 시인의 상상력은 현대문명의 이기는 생활의 편이를 제공하지만 자연은 그 편이 위에 군림할 수 있음을 눈뜨게 하고 있다. 한파에 눈까지 쌓여 감당하기 어려운 불편함이 중첩되는데 목련나무는 오는 봄을 기다려 꽃봉오리를 키울 수 있는 강인한 생명력을 보여준다. 무너진 문명의 질서 앞에 자연의 질서는 어떤 고단함 속에서도 의지를 세워 일어선다는 메시지이다. '그래도 목련봉오리 털모자 쓰고/한파 속 달아오르는 가슴 터져 올리고 있다'는 것이다. 이 시의 핵심은 '그래도'라는 접속부사에 있다. 어떤 상황이 다가오더라도 꿋꿋이 일어서는 강인한 의지 표명이다. '오늘 지구가 멸망한다 하더라도 한 그루 사과나무를 심는다'는 의도이다.

시는 정서의 구체적 표현이다. 가슴을 휘감는 감정의 실체를 언어의 도구로 끌어내어 세상에 드러내는 정서의 표현이다. 하여 감정의 파고에 따라 움직이는 그 변덕스럽고 다양한 정서의 빛깔을 구체화시키는 일은 시인의 상상력이나 감각의 그늘에서 표출된다. 임정남 시인의 시는 고향으로 달려가는 디젤기관차의 기적 소리 같은 향수가 젖어 흐르고 봄날의 유채꽃 같은 맑은 향내가 난다. 고향의 맑은 정서가 살아있는 때묻지 않은 시선이 건져 올린 결과물이다. 더불어 시인이 스스로 구축한 삶의 기슭에 매어 놓은 세상을 바라보는 잣대에 따라 모든 의미는 가치를 부여받았다. 임 시인의 시집은 이로써 세상에 탄생되어 독자의 진정한 평가 앞에 설 것이다. 무엇보다 삿된 마음을 가라앉히는 무소유의 비움을 향한 시선들이 이 시집의 가치를 세우리라 믿는다.

초판 발행 2012년 5월 10일

지은이 임정남
펴낸이 안창현 펴낸곳 코드미디어
북 디자인 Micky Ahn 편집디자인 장민서 교정 교열 표수재

등록 2001년 3월 7일 등록번호 제 25100-2001-5호
주소 서울시 은평구 갈현1동 419-19 1층
전화 02-6326-1402 팩스 02-388-1302
전자우편 codmedia@codmedia.com

ISBN 978-89-94178-43-1 03810

정가 10,000원

임정남감성시집